Thomas Schmid

SCHNECKENHAUSMÄRCHEN
Turm und Quendel

Illustrationen von Rebecca Schmid

Bibliografische Information der Deutschen
Nationalbibliothek:
Die Deutsche Nationalbibliothek verzeichnet diese
Publikation in der Deutschen Nationalbibliografie;
detaillierte bibliografische Daten sind im Internet
über http://dnb.dnb.de abrufbar.
© 2022 Thomas Schmid

Herstellung und Verlag: BoD – Books on Demand,
Norderstedt

ISBN: 978-3-7562-0838-8

SCHNECKENHAUSMÄRCHEN

Gedichte
für Menschen jeden Alters

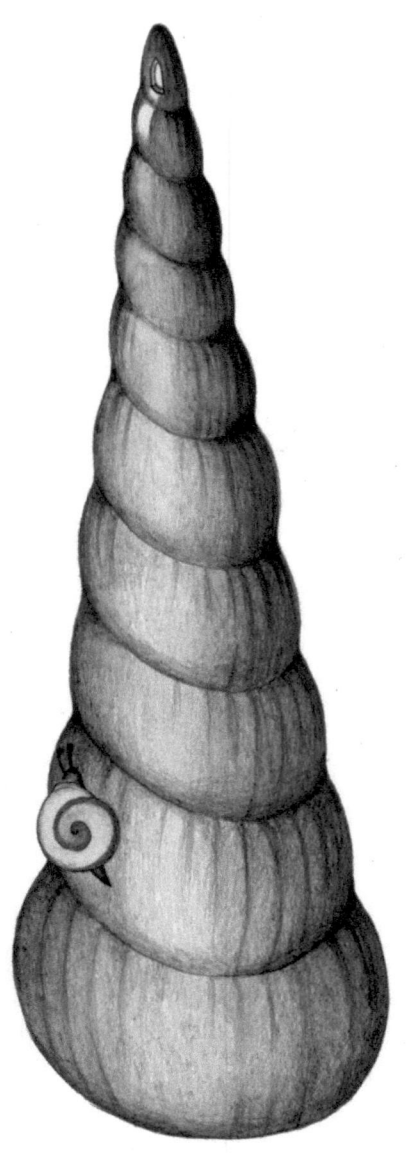

ICH LEBE IM GEDANKENTURM

Ich lebe im Gedankenturm.
Ein Kopffuß-Eremit
in kalkerstarrtem Wirbelsturm.

Turmschnecke im Schneckenturm
ohne jede Bindung.
Nur ich in jeder Spindelwindung,
stumm und ohne Lied.

Höhere Lebewesen beherrschen
Gift und Drohnen,
das Totale!
Ich beherrsche nur zu wohnen
und weine feinen Schleim
in meine enge Schale.

Was auch geschieht,
ich bleibe allein im Aragonit,
allein in meiner Kalkspirale,
allein im Turm daheim.

WENN ICH EIN MAULWURF WÄR

Wenn ich ein Maulwurf wär,
ich grüb mich zu dir!
Wenn ich zwei Schaufeln hätt,
ich grüb uns ein Bett!

Weil ich aber keine Grabegabe,
sondern nur zwei Hände habe,
bleibe ich allhier
und schreibe dir.

FAHRGEMEINSCHAFT

Ein nicht gegebener
und ein nicht erwiderter Kuss
fahren zusammen im Bus.

Freuen sich schon
auf die Endstation
und erwarten froh
die Nacht im Busdepot.

WO BLEIBT DENN NUR DER OPTIKER?

Der Brillenwürger sieht sich lang
im Spiegel an,
hinter ihm warten sozial
Brillenpelikan
und Brillenschweinswal.

Durch das leere Gestell sieht der
Brillenkaiman
mit fragendem Blick den Brillenkormoran
an.

Und die Brillentaube,
sagt, ich glaube …
und der Brillenkakadu
nickt geduldig dazu.

Brillensichler, sieh mal her,
ob die nicht etwas für mich wär,
fürs nächste Rendezvous,
fragt keck das Brillenhasenkänguru.

Brillenkauz und Brillenente
beraten leise miteinander
modische Akzente.
Und der Brillensalamander
erklärt dem Brillenschaf
Silbe für Silbe
den Unterschied von
konvex und konkav.

Geduldig wartet die Brillenmilbe
schon lange
hinter der Brillenschlange
und fragt leise den Brillenbär:
Wo bleibt denn nur der Optiker?

SEETANG

Seetang bis ans Kinn gezogen,
Schwämme unterm Kopf gebauscht,
Wogen wogen, Welle rauscht.

Schnell noch das Lied von Flut
und Ebbe gesungen,
den Rochen Rochi fest umschlungen,
den Laternenfisch aus -

und jetzt, schlaf gut,
kleine Piratenmaus.

QUARANTÄNE

Quarantäne – ich gähne.

Am Bildschirm
klebt die Schule,
im Mäppchen
versteckt sich
das letzte Briefchen an mich
von Jule.

Auf dem Handy Nachricht von Papa.
Scherzfragen!
Diesmal leider nur drei und eine doppelt
dabei.
Ich schick ihm dafür vier.
Von mir.

Am Laptop
redet Mama mit ihrer Stimme vom Job.
Zeitnah versenden,
Bilanz-Expertise!

Sie nickt und klickt
auf Konferenz beenden
und kriegt die Krise.

Weint nur fast
Tränen ohne Hast.

Ich male ein Pferd,
das Tintenhufe hat,
auf die Rückseite
vom Arbeitsblatt.
Ich springe auf und reite
mit flatternder Mähne
hinaus aus der Quarantäne.

GLEICH WIRD ES REGNEN

Dein Fahrrad steht noch draußen
und gleich wird es regnen.

Sonnenwarm ist dein Sattel noch,
Mittelmeerwasser glitzert
durch meine Gedanken.
Flashbacks wetterleuchten.
Gefährliche Seeigel aus Sardinien
besuchen mich in Niederbayern.
Strahlende Sonnenbrandaugen.
Nicht deine Lotion bringt sanfte Kühle
- erst unser schweißnasses Laken
vor dem erwartungsfrohen Erwachen
und der Morgenwind aus den Pinien.
Und dabei wissen wir noch gar nichts
von dem erschreckten Oktopus
und deinem grünen Kleid.

Gleich wird es regnen.
Mit einer Prise Bikinisalz auf den Lippen
schiebe ich dein Rad in die Garage.

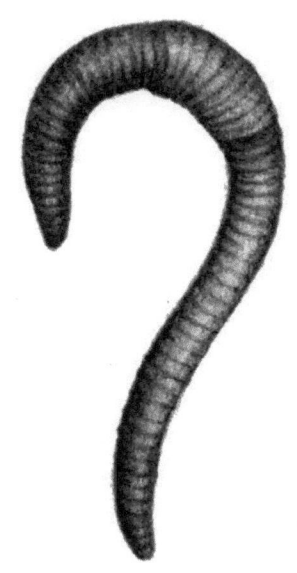

ES WAR EINMAL EIN WURM

Es war einmal ein Wurm,
der wollte stürzen sich vom Turm.
Doch schon nach dreizehn Stufen
hat er den Vorsatz widerrufen
und wollte - plötzlich wieder munter -
die dreizehn Stufen wieder runter.
Doch bereits auf Stufe zehn
war er zu schwach zum Weitergehn.
So blieb er denn für immer dort
zu einem Fragezeichen eingedorrt.

ALTE LANGUSTE

Ich bin die Languste
mit der dicken Kruste.

Wenn ich doch nur wüsste,
warum ich dich nicht küsste,
dich liebe Herz-Garnele,
vor vielen Meeresjahren,
als wir noch jünger waren
an Schmerz und auch an Seele.

Auch wenn ich dir nicht fehle,
dir lieben Herz-Garnele,
so wünschte ich doch sehr,
du schwömmest zu mir her.

Mit meinen alten Zangen
würd' ich dich gern umfangen
und halten immer mehr
im tiefen Nimmer-Meer.

ES WAREN EINMAL ZWEI LUFTBALLONS

Es waren einmal zwei Luftballons ...
und wenn sie nicht geplatzet sind,
dann schweben sie noch heute.

ES WAR EINMAL IM BAUMARKT

Es war einmal zu später Stund
nachts im Baumarkt von Stralsund.

Leise fragt die Zange den Hammer:
Ist noch Platz für mich in deiner Kammer?
Aber sicher, sagt der Hammer zur Zange,
zwar nicht für immer, aber für lange.

Und der Spaten flüstert zur Säge:
Wie wär's, wenn ich mich zu dir läge?
Meinen sehnlichsten Wunsch hast du
erraten,
antwortet die Säge dem Spaten.

Komm her, weil ich dich begehre!,
ruft der Schleifstein hinunter zur Schere.
Tut mir leid, aber ich bleibe lieber allein,
ruft die Schere hinauf zum Schleifstein.

Komm doch mal rüber auf meine Insel,
ruft winkend die Feile zu einem Pinsel.
Ich eile,
sagt der Pinsel zur Feile.

Weißt du eigentlich, wie lieb ich dich hab,
fragt die Pinzette den Meterstab.
Nein, sagt der Meterstab zu der Pinzette,
aber ich weiß, wie gern ich es hätte.

Doch am Morgen ist dann wieder alles
still,
weil niemand erwischt werden will.

ICH BIN EIN HÜNE

Ich bin ein Hüne, sprach der Hahn,
und ihr seid meine Hühner!

ICH SCHMIERE SCHARNIERE

Ich schmiere Scharniere
und versorge die Tiere,
ich hole die Kohle
und dopple die Sohle,
ich pappe die Mappe
und schließe die Klappe,
ich bürste die Würste
und wasche die Bürste,
ich feile die Beile
und flechte die Seile,
ich hüte die Tüte
und bau die Kajüte.

Und ich kraule
euch Faule.

SCHNECKENSPUR

Ich fahr jetzt heim
auf meinem Schleim,
sprach die Schnecke
und bog um die Ecke.
Zurück blieb nur:
ihre schleimige Spur.

WENN ICH ERST GROSS BIN

Wenn ich erst groß bin,
werden meine Eltern klein.
Dann singe ich sie in den Schlaf hinein.

VERWESUNG

Wesentlich für jedes Wesen
ist seit jeher schon gewesen:
Jedes Wesen muss verwesen.

TISCHGESPRÄCH

Rindslederstiefel oder Rindslederschuh?
Was meint die Kuh dazu?
Muh.

Zart oder zäh?
Was wohl das Schaf lieber säh?
Mäh.

Am Spieß oder in Aspik?
Wie lautet vom Schwein die Kritik?
Quiek.

Rotweinsoße oder Sahneschlag?
Was wohl die Ente lieber mag?
Quak.

Hausmannskost oder Gastronomie?
Was ist vom Hahn die Philosophie?
Kikeriki.

Tiefgefroren oder frisch?
Was sagt der Fisch?
- - -

Farm oder Ranch?
Was will der Mensch?

DIE MILCH

Die Milch vom Yak
bringt uns auf Zack.

Die Milch von Kühen
verstärkt das Bemühen.

Die Milch der Ziege
verhilft uns zum Siege.

Die Milch vom Löwenzahn
malt uns die Hände an.

ICH WILL WISSEN

Ich will wissen,
wie Giraffen pissen.
Ich will erkennen,
warum Feuer brennen.
Ich will erfahren,
wie Flöhe sich paaren.
Ich will begreifen,
wie Früchte reifen.
Ich will sehen,
wie Kinder entstehen.
Ich will verstehen,
wie Dinge geschehen.

DIE QUAL DER WAHL

Wo im Ozean die Wellen quellen,
schwamm eine Qualle gegen einen Wal
und verliebte sich auf Knall und Fall
in den schwimmenden Gesellen.

Doch eh die Qualle sich überwand
und dem Wal ihre Liebe gestand,
streifte ein vorbeischwimmender Aal
ihre Tentakeln zart und schmal.
Da verliebte sich die Qualle gleich ein
zweites Mal.

Der Wal ist nach Norden enteilt,
der Aal schwamm weiter nach Süden,
nur die Qualle verweilt
noch immer unentschieden.

Ist es nun der Wal
oder doch mehr der Aal,
der ihr besser gefällt,
so fragt sich die Qualle
und wird in diesem Falle
von der Qual der Wahl
bis heute gequält.

MEIN VATER IST DICK

Mein Vater ist dick und hat es am Herzen
und im Fuß hat er Schmerzen.

Er will seine Ruh
und nicht mit einem jeden
sich unterhalten und reden,
aber mir hört er zu.

Er schwitzt,
auch wenn er nur sitzt,
aber er liebt die Dinge,
die ich ihm bringe.

Ich kann ihm Federn und Steine zeigen
und meine Pfeilbogen aus biegsamen
Zweigen,
ich laufe um ihn herum
mit Armflügelschlag und
Hummelgebrumm -
und er zählt meine Runden, damit ich
weiß,
wie oft ich gelaufen um seinen Sessel im
Kreis.

Beim Kartenspiel freut er sich
am meisten über meinen Stich.
Im Dunkeln fürchtet er sich schlimmer als
ich
und hat eine Taschenlampe für mich.

Damit ich ein Zahnarzt sein kann,
zeigt er mir seinen goldenen Zahn.
Und wenn ich ein Wolf mit gefährlichen
Zähnen bin,
zittert sein Schafspelz vom Fuß bis zum
Kinn.

Mir erzählt er, wie Schnecken sich paaren,
und wie er ein Kind war vor ganz vielen
Jahren.
Auf seinem Bauch liege ich wie ein Zwerg
auf einem wogenden Wellenberg –
und wenn wir Witze machen,
wackelt die Welle vor Lachen.

Mein Vater ist dick und hat es am Herzen
und im Fuß hat er Schmerzen.

MIT BÄLLEN UND MIT BÄLLCHEN

Mit Bällen und mit Bällchen
spielen Libellen und Libellchen.

NAH ANS WASSER
GEBAUT

Ich weine über den Regenwurm,
der sich im Trockenen windet,
und über die Fliege, die nach Sturm
nicht mehr nach Hause findet.

Ich weine über dich und mich,
deine warmen und meine kalten Hände.
Du bist du und ich bin ich
und ich weine schon am Anfang übers
Ende.

Ich weine über die Töne einer Melodie
und über den Punkt auf dem kleinen i,
der bleibt alleine trotz aller Liebesmüh
und schaut hinüber zum glücklichen ü.

Ich weine über die Minuten,
die mit all ihren Sekunden
so schnell aus meinem Leben
verschwunden.

Ich weine über das Lachen der Hyänen
und weine über meine eigenen Tränen.

Nah ans Wasser gebaut.

DU BIST EIN BIEST

Du bist ein Biest,
weil du bist,
wie du biest.

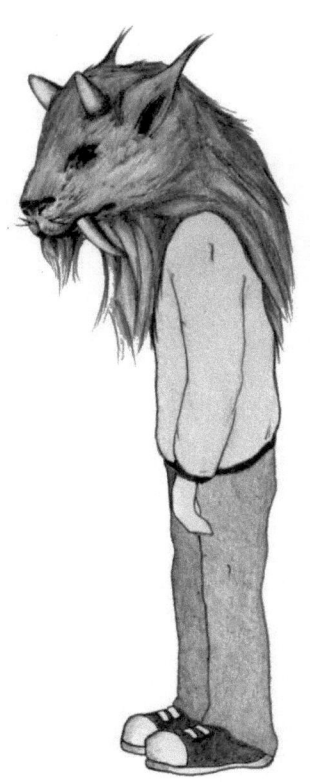

KUSSMAUL

Während ich leise mit dir tuschel,
küss ich deine Ohrenmuschel.

Und wenn dein Auge es nicht sieht,
küss ich dich aufs Augenlid.

Auch wenn mir die Worte nie fehlen,
küsse ich schweigend deine Kniekehlen.

Mein Herz pocht unter meinen Rippen,
drum küss ich einfach deine Lippen.

Ich küsse deinen Bauch
und deinen Nabel auch.

Und wenn du mich verlässt,
küss ich noch schnell den Rest
von deinem Duft in der Luft
und küsse dann ins Leere
der dunklen Atmosphäre.

IHR FRÜCHTCHEN

Ihr Früchtchen habt jetzt Pech gehabt,
heut Abend gibt es Obstsalat.

IMMER MEHR GRÜNKERNE

Immer mehr Grünkerne
haben sich gerne.

Immer mehr Leinsamen
vereinsamen.

JA, WO IST DENN UNSER HERZISCHNUCKILEIN?

Ja, wo ist denn unser Herzischnuckilein,
unser braves Bubbilein?
Hat unser Herzibubbilein brav happa
happa und nam nam gemacht
und bei kille kille auch killekillebrav
gelacht?
Hat unser Herzibubbilein brav biese biese
und ga ga gemacht
und nach gluck gluck sein Kopperle
vollbracht?
Dann kriegt es jetzt auch seinen Schnulli
nucki nucki,
unser braves Herzensschnucki.
Ja, wo ist denn unser Herzischnuckilein??!

Mit seinem Dreirad heimlich fortgefahren,
um sich Winkewinke-Bussi-Schmätze zu
ersparen.

JA, KOMM NUR HER,
DU KLEINER BÄR

Ja, komm nur her, du kleiner Bär,
sprach der Jäger mit dem Gewehr.

WAS SAGT DIE UHR?

Was sagt die Uhr?
Die Zeit verrinnt,
mein liebes Kind,
das sagt die Uhr.

Die Zeit vergeht,
auch wenn mein Zeiger sich nicht dreht.
Das sagt die Uhr.
Auch wenn ich nicht mehr ticken will,
die Zeit steht niemals mit mir still.
Das sagt die Uhr.
Die Zeit hält niemals an,
auch wenn ich nicht mehr weiterkann.
Das sagt die Uhr.

Die Zeit verrinnt,
mein liebes Kind,
so lange Menschen in ihr sind.
Das sagt die Uhr.

Doch sind dann alle Menschen tot
vor Angst, Krieg, Krankheit oder Not,
dann ist die Zeit vorbei,
sei's fünf vor zwölfe oder auch halb drei.
Egal, ob manche Uhr noch weitertickt
und manches Uhrwerk weiterklickt,
denn sind dann alle Menschen tot,
dann bleibt die Zeit von selber stehen,
egal, ob Uhren dann noch gehen.

Das sagt die Uhr.

FRAU FEDER

Frau Feder ist fast hundert Jahre alt
und von früh bis spät sind ihre Füße kalt.
Doch ihr Herz ist von innen ganz warm,
denn Frau Feder hat einen Schwarm.

Frau Feder hat Rheuma und Osteoporose
und ihr Gebiss wird beim Kauen leicht
lose,
sie hasst den Suppenkleister aus
Haferschleim,
aber sie mag den Hausmeister vom
Seniorenheim.

In den Gelenken hat Frau Feder die Gicht,
aber aufs Äpfelschälen verzichtet sie nicht
und sie summt verträumt und tänzelt und
singt,
wenn sie Kompott ins
Hausmeisterzimmer bringt.

Und fehlt ihr zu sehr sein bärtiges Gesicht,
ruft sie ihn an und sagt:
Meine Heizung geht nicht.

Dann kommt er mit seinem Werkzeug im
Arm
und Frau Feder wird auch ohne Heizung
ganz warm.

Frau Feder ist fast hundert Jahre alt
und von früh bis spät sind ihre Füße kalt.

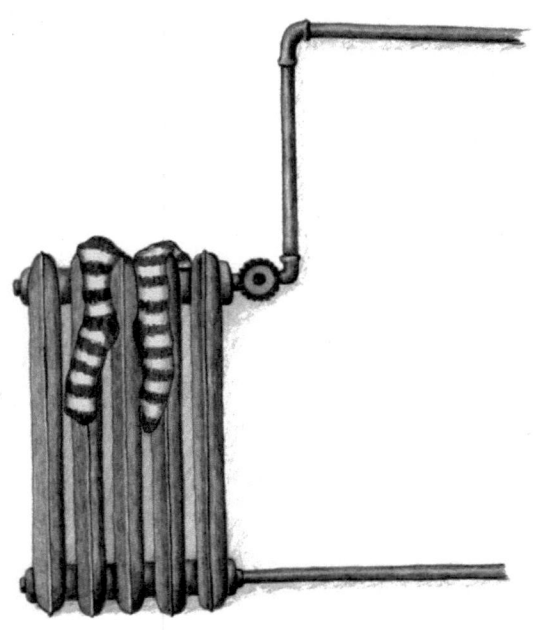

WENN DRAUSSEN
DER TORNADO TOST

Wenn draußen der Tornado tost,
toastet Torsten drinnen Toast.

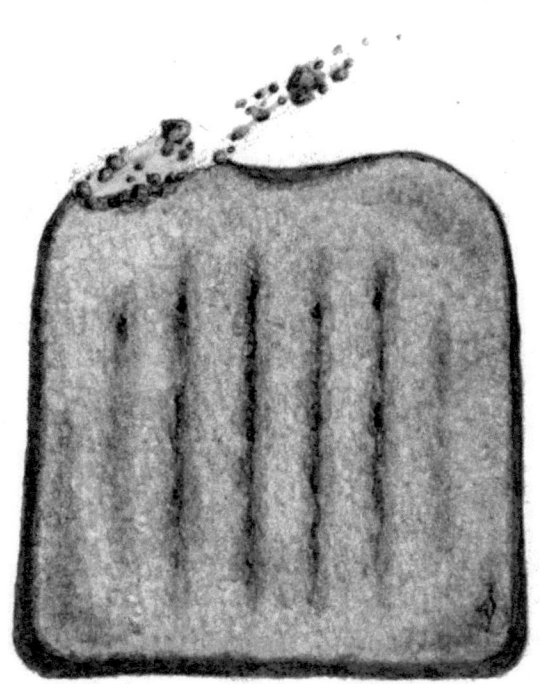

EIN MANNSBILD
HING IM FRAUENZIMMER

Ein Mannsbild
hing im Frauenzimmer.
Erst begann's mild,
dann wurd's immer schlimmer.
Das Zimmer brüllte schließlich allerhand
und warf das Bild von seiner Wand.

EINE FÜR ALLE

Eine für alle,
sprachen die Schweine
und fraßen die Qualle.

HERZ UND VERSTAND

Der Mensch hat nicht nur Fuß und Hand,
sondern auch Herz und Verstand.
Doch manchmal kommen sich Herz
und Verstand in die Quere,
dann geben Kummer und Schmerz
sich die Ehre.

GROSSELTERN

Die stillschweigende Fahrt
im Einvernehmen.
Das Frühstücksei, auch
die zuneigende Art,
sich Bilder zu zeigen
in Wolkenschemen.
Stare all die Jahre,
Brunnenkresseblüten,
selten Zwiebeln, öfter Lauch.
Des anderen Gedanken denken,
gütiges Wüten,
sich nichts schenken.

Doch, doch,
wir leben noch!

PFEIL UND BOGEN

Entspann dich,
sprach der Pfeil zum Bogen
und dann ist er fortgeflogen.

EINST HADERTE EIN LUMP
MIT SEINEM LEBEN

Einst haderte ein Lump mit seinem Leben:
Es müsste viel mehr Haderlumpen geben!

ELTERN HAFTEN FÜR IHRE KINDER

Wenn Kinder krumme Dinger drehn,
die Eltern dafür grade stehn.

ERFÜHLT

So mancher fühlt,
erfüllt von der Erfüllung seiner Pflicht,
die Fülle seines Fühlens nicht.

ES GRUNZT DAS SCHWEIN

Es grunzt das Schwein
nicht gern allein,
drum geht es in den Grunzverein.

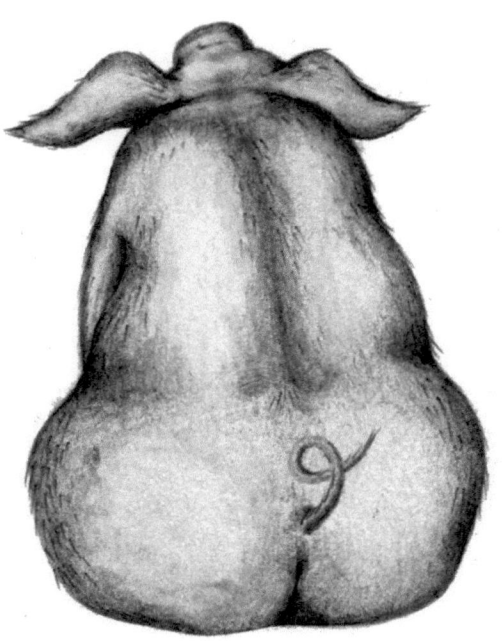

ES IST EIN VERBRECHEN,
EIN VERSPRECHEN ZU BRECHEN

Es ist ein Verbrechen,
ein Versprechen zu brechen,
doch wenn Verbrecher
Verbrechen versprechen,
ist es kein Verbrechen,
dieses Versprechen zu brechen.

DIE MIAU FÄNGT LAUT
ZU KATZEN AN

Die Miau fängt laut zu katzen an
und mit lautem hund hund
kommt der Wauwau heran
und mit lautem kuhkuh
gesellt die Muh sich hinzu.

Der Kikeriki kräht so laut er kann
sein schönstes hahn hahn
und esel esel macht laut der I-a,
- nur mein Schnarchschnarch
macht weiter papa.

BEIM KÜSSEN

Beim Küssen kommt das Entzücken
vom Lippenaufeinanderdrücken,
aber auch vom schleckenden Schwunge
der schmeckenden Zunge.

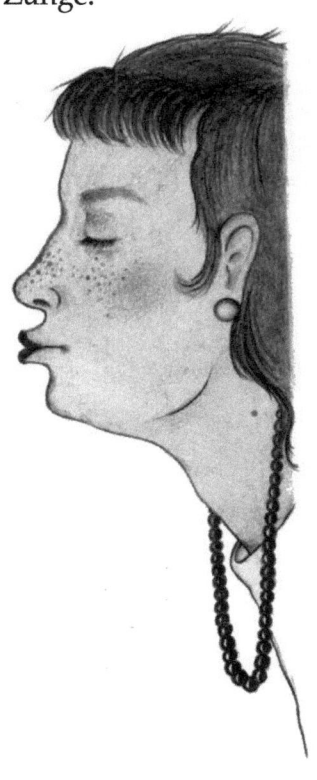

DER GESANDTE DES SANDMANNS

Der Gesandte des Sandmanns
strandete am Meeresrand
und versandete im Versinken zu Sand,
bis eine Sandfrau ihn am Strand,
in ihrer linken Sandale fand.

AUF EINER STIEGE

Auf einer Stiege traf eine Ziege
auf eine Fliege.
Die Fliege sprach, ich kriege dich,
Ziege, und besiege dich.
Dann machte die Fliege,
ganz schnell die Biege,
damit die Ziege die Fliege
nicht kriege
und letzten Endes die Ziege
die Fliege besiege.
Dann ging auch die Ziege
und machte die Biege.
Zurück blieb nur noch die Stiege.

DAS NASENHORN

Das Nasenhorn,
das Nasenhorn,
das hat auf seiner Nasen vorn
einen großen Nasendorn.

SCHWERMUT IN REIMEN

Schwermut,
du liegst mir im Blut.

Freundschaft,
hohes Gut.
Oft leer,
trotz Flut.

Guter Vorsatz,
kein Schwein sein.
Mit Reimen
lose Gedanken leimen.

Liebe für lange
erlangen, bangen.
Kommen und Gehen
sehen.

Heute Sorgen
wegen morgen haben.
Stillstand,
trotz geölter Naben.

Hadern mit Gott und Fiskus,
Gruß an Franziskus.

Frühlingsgefühle im Lenz,
später Demenz.
Und nicht zu vergessen:
Was gibt es heute zu essen?

PLANKTON

Ohne Krill
wird der Wal still
und der Walgesang
verstummt im Tang.

WAS DER KRILL
AUF KEINEN FALL WILL

Was der Krill
auf keinen Fall will,
ist voller Qual
auf den Tod warten
in den Barten
vom Wal.

DER SCHÄFER UND SEIN SCHÄFERHUND

Der Schäfer und sein Schäferhund
trieben die Schafe auf die Weide.
Der Hünder und sein Hünderschaf
begleiteten sie beide.

DER HEILIGE SOWIESO

Wer wie was wann warum und wo
macht uns froh?
Will wissen der Heilige Sowieso.

DER VATER WILL DIE ZEITUNG LESEN

Der Vater will die Zeitung lesen,
denn er ist ein Lesewesen.

DER LEHRER BÜFFELFEIN

Der Lehrer Büffelfein
sprach zum Schüler Trüffelschwein:
Der schlecht schnüffelnde Trüffler
kriegt einen echt rüffelnden Rüffler!
Also willst du Trüffeln erschnüffeln,
musst du das Trüffelnschnüffeln
vorher büffeln.

DIE ALLERGRÖSSTE SAUEREI

Die allergrößte Sauerei
ist ein kaputtes Saurierei.

DAS LEIBGERICHT

Mein Leibgericht, das war
tagaus, tagein und Jahr für Jahr
Kartoffelbrei mit Soße.

Doch eines Tags, da schaut' ich dumm,
denn eines Tags war's anders rum.

Da schrie der Brei mitsamt der Soße:
Oh la la, wie wunderbar,
ich fress' jetzt dich mit Haut und Haar,
samt T-Shirt und samt Hose!

Leider, nein, mehr weiß ich nicht,
denn jetzt bin ich das Leibgericht.

SCHLAFMÜTZE

Schlaf, Mütze, schlaf,
die Wolle kommt vom Schaf,
dich hab ich auserkoren,
zu wärmen meine Ohren,
schlaf, Mütze, schlaf.

Schlaf, Mütze, schlaf,
die Wolle kommt vom Schaf,
und weil ich warme Ohren mag,
trag ich dich auch am hellen Tag,
schlaf, Mütze, schlaf.

Schlaf, Mütze, schlaf,
die Wolle kommt vom Schaf,
du hast mir schon viel Glück gebracht,
denn du wärmst mich Tag und Nacht,
schlaf, Mütze, schlaf.

WIR SITZEN AM FEUER

Wir sitzen am Feuer
und reden über Ungeheuer.
Das Feuer knistert
und der Wind wispert.

Wir reden über Spinnen, die springen,
mit ihrem Biss das Blut zum Gerinnen
bringen,
über die Verdauung von Würgeschlangen
und Adlerklauen, die aus der Luft uns
fangen.

Wir reden von Menschen in Wolfsgestalt
und von Riesenkraken im
Unterwasserwald.
Wir reden von Guillotinen und
Todeskampf,
von Killerbienen und von
Wundstarrkrampf.

Wir reden von King Kong, dem Gorilla,
von Frankensteins Monster und von
Godzilla.

Wir reden von deinem schlimmsten
Traum
und einem Alien aus dem Weltenraum.

Wir reden über Dracula, den Vampir,
und über leer gesaugte Venen.
Wir reden von singenden Sirenen
und über Doktor Jekylls Elixier.

Wir reden von deiner Angst,
wenn du in tiefe Schubladen langst
und von dem Salto mortale
meiner Angst vor der Angstspirale.

Im Rücken das dunkle Gelände
halten wir einander die Hände
und schauen ins flackernde Licht.

Das Feuer knistert
und der Wind wispert.
Wir fürchten uns nicht.

ES GILT GEMEIN ALS UNGEHOBELT

Es gilt gemein als ungehobelt,
wenn jemand in der Nase popelt.
Doch noch viel ungehobelter
ist darauf folgender Verzehr.

ES SPRACHEN EINST
ZWEI NASENLÖCHER

Es sprachen einst zwei Nasenlöcher:
Wir sind die reinsten Popelköcher!

ES WAR EINMAL EIN LUMPENHUND

Es war einmal ein Lumpenhund,
der einen alten Lumpen fund.
Er biss und riss mit Bellerei
den Lumpen in der Mitt' entzwei.

Da kam ein andrer Lumpenhund,
der den halben Lumpen fund.
Er biss und riss mit Bellerei
den Lumpen in der Mitt' entzwei.

Da kam ein andrer Lumpenhund,
der den viertel Lumpen fund.
Er biss und riss mit Bellerei
den Lumpen in der Mitt' entzwei.

Da kam ein andrer Lumpenhund,
der den achtel Lumpen fund.
Er bellte kurz und lief dann weg.

Der Lumpen liegt noch heut' im Dreck.

DER PREDIGER

Er hat gepredigt und gepredigt
und jedes Herz erreicht.
Bis auf eins.
Seins.

WER DEN SAND LIEBT, DER SIEBT.

Wer den Sand liebt,
der siebt.

RINDENPFERD

Der blasse Mond
eiert
hinter dramatischen Wolken
herum.

Ich sitze verlassen
auf der Terrasse.

Mein Vermächtnis bleibt
ein aus Rinde geschnitztes Pferd,
das es mir erlaubt,
davonzureiten für immer
und zu bleiben auf Zeit.

KLEINE MÜNZE

Kleine Münze ging verloren,
einfach nur davongerollt
im Dämmerlicht.

Den Betrag aus eigener Tasche
am hellen Tage ausgeglichen -
und doch stimmt die Kasse nicht.

Jede Frage legt seither
den Schluss nahe,
dass immer nur diese eine
kleine Münze,
die Antwort auf alles gewesen wär.

NUR KURZ

Nur kurz
ausruhen
will ich mich
von all den Menschen,
all dem eigenen Ich.

Nur kurz
ausruhen,
nur kurz die Lider sinken lassen.

Oder sterben,
nur ganz kurz.

OPTIMIST

Es würd' mich nicht wundern,
wenn du mich verließest.

Es würd' mich nicht wundern,
wenn ich mich vergäße.

Es würd' mich nicht wundern,
wenn niemand mich vermisste.

Es würd' mich nicht wundern,
wenn ich verschwände.

Es würd' mich nicht wundern,
wenn ich versänke.

Es würd' mich nicht wundern,
wenn ich ertränke …

… verkrachte, zerbräche, scheiterte,
verfiele, erkrankte und vereiterte.

Es würd' mich nicht wundern,
wenn der Tod mich mitten aus dem
Leben risse.

Es würd' mich nicht wundern,
wenn ich alles verlöre.

Aber es würde mich wundern,
wenn dann
nichts wäre.

WENN ICH WAS ZU HARKEN HABE

Wenn ich was zu harken habe,
harke ich mit Hark-Hingabe.

VORSICHT, HOLDE

Vorsicht, Holde,
sprach der Mann vom
Wasserwirtschaftsamt,
mein Herz wird leicht entflammt!
Keine Bange, sprach Isolde von der
Stadtverwaltung,
viel schlimmer wäre Herz-Erkaltung!

CLAIRE MAG JOCHEN SEHR

Claire mag Jochen sehr,
aber den Werner mag sie gerner.
Hans liebt Lilli voll und ganz,
aber Lilli will nur Willi
oder allenfalls den Franz.
In mich ist Theobald verknallt,
ich aber steh - auf Desiree.
Ojemine.

WENN RATZEN ROTZEN

Wenn Ratzen rotzen,
müssen Katzen kotzen.

AKUSTIK

Silvester, das Platzen der Raketen,
musikalisch interessant auch
der Gesang der Azteken.
Das Knistern der Floristenfolie
um Rose und Magnolie.
Ein Kuss
und deiner Hose
Reißverschluss.
Das Knurren im Bauch,
das Fallen von Spänen
und das Knirschen von Zähnen.

Akustische Ereignisse
wie das Plätschern der Pisse
oder die Stille im All,
Husten und Rasseln,
Knall und Fall,
Tröpfeln und Prasseln.
Das Knacken der Haselnuss
und immerwährend –
Tinnitus.

VORSICHT MIT DEM BALL

Vorsicht mit dem Ball,
damit er dir nicht fall,
damit er nicht ins Wasser fall,
sonst ist der Ball ein Wasserball.

NAVIGATION
(Am Ende des Tages)

Mit verwirrten Gefühlen
und verirrten Gedanken
räume ich die Küche auf.

Gläser zu Glas,
Tassen zu Tellern,
Töpfe zu Pfannen.

Tür auf, Tür zu,
ich zu du.

QUENDEL, QUENDEL

Quendel, quendel,
tanz mit mir,
ganz bis an den Rand!

Quendel, quendel,
nimm mein Händel,
halte meine Hand!

Quendel, quendel,
lös das Bändel,
knüpf mit mir das Band!

Quendel, quendel,
nimmer endel,
ganz bis an den Rand!

Thomas Schmid wurde 1960 in Landshut geboren. Als Kind wollte er entweder Stuntman oder Schriftsteller werden und ist heute als freier Autor tätig. Seine Bücher sind mal frech und komisch wie *Der Simon und sein Bazi,* mal spannend und bewegend wie *Sandra Sandkind,* mal einfühlsam und authentisch wie *Blöde Mütze!* und mal wundervoll warmherzig und heiter wie die Geschichten von *Erlemännchen und Blindenmaus.* Aus Schmids Feder stammt auch die erfolgreiche Buchreihe *Die Wilden Küken.* Er schreibt Radiogeschichten (u.a. für das BR-Kindermagazin 'Sonntagshuhn') und machte sich mit *Die Wilden Hühner und das Leben* auch als Drehbuchautor für Kinofilme einen Namen. Für das Drehbuch *Wintertochter* wurde er mit dem 'Goldenen Spatz' und dem 'Kindertiger' ausgezeichnet. Die *Schneckenhausmärchen* sind das vierte Buchprojekt, das Thomas Schmid und seine Tochter Rebecca gemeinsam gestaltet haben.

www.thomas-schmid-autor.de

Rebecca Schmid wurde 1984 in München geboren. Sie besuchte die Fachoberschule für Gestaltung in Straubing, machte ihren Abschluss als Keramikgestalterin an der Staatlichen Keramikfachschule in Landshut und erwarb den Meistertitel für Keramik an der Handwerkskammer. Rebecca Schmid lebt und arbeitet als Keramikerin in Berlin.

www.schmid-keramikdesign.com

gefördert von:

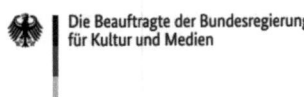

SCHNECKENHAUSMÄRCHEN
gibt es auch als Videoclips

weitere Infos unter:
www.thomas-schmid-autor.de